만만한수학
점이 뭐야?

만만한수학1
점이 뭐야?

초판 1쇄 발행 2017년 2월 20일 | 초판 12쇄 발행 2024년 5월 20일
글 김성화·권수진 | 그림 한성민 | 책임편집 전소현 | 디자인 하늘·민
펴낸이 전소현 | 펴낸곳 만만한책방 | 출판등록 2015년 1월 8일 제 2015-000008호
주소 서울 마포구 토정로 222 한국출판콘텐츠센터 305호 | 전화 070-5035-1137 | 팩스 0505-300-1137
전자우편 manmanbooks@hanmail.net | 인스타그램 instagram.com/manmani0401

ISBN 979-11-960126-1-8 74410 | 979-11-960126-0-1(세트)
ⓒ 김성화, 권수진, 한성민 2017

이 책은 저작권법에 따라 한국에서 보호받는 저작물이므로 무단전재와 무단복제를 금지하며, 이 책 내용의 전부 또는 일부를 이용하려면 반드시 저작권자와 만만한책방의 서면 동의를 받아야 합니다.
이 도서의 국립중앙도서관 출판시도서목록(CIP)은 e-CIP홈페이지(http://nl.go.kr/cip.php)와 국가자료공동목록시스템(http://www.nl.go.kr/kolisnet)에서 이용하실 수 있습니다. (CIP제어번호: CIP2020006603)
잘못된 책은 바꾸어 드립니다. 책값은 뒤표지에 있습니다.

 제품명 아동도서 | 제조년월 2024년 5월 20일 | 사용연령 7세 이상
제조사명 만만한책방 | 제조국명 대한민국 | 전화번호 070-5035-1137
주소 서울 마포구 토정로 222 한국출판콘텐츠센터 305호
KC마크는 이 제품이 공통안전기준에 적합하였음을 의미합니다.

⚠ 주의
종이에 베이거나 긁히지 않도록
조심하세요. 책 모서리가 날카로우니
던지거나 떨어뜨리지 마세요.

만만한수학
점이 뭐야?

김성화·권수진 글 | 한성민 그림

만만한책방

옛날옛날에 수학자의 머릿속에
이상한 게 떠올랐어.

콕! 이건 점이야.

점은 눈에 보이지 않아!
그건 모양이 없어.
크기도 없고.
색깔도 없어.
그래서 안 보여.
하지만 있어!

그런 게 어디 있어?

점은 위치를 표시하고 싶을 때 찍는 거야.
수학자가 상상했어!
집게손가락을 들고 아무 데나 찍어 봐!
거기가 점이야!

여기에 콕!

저기에 콕!

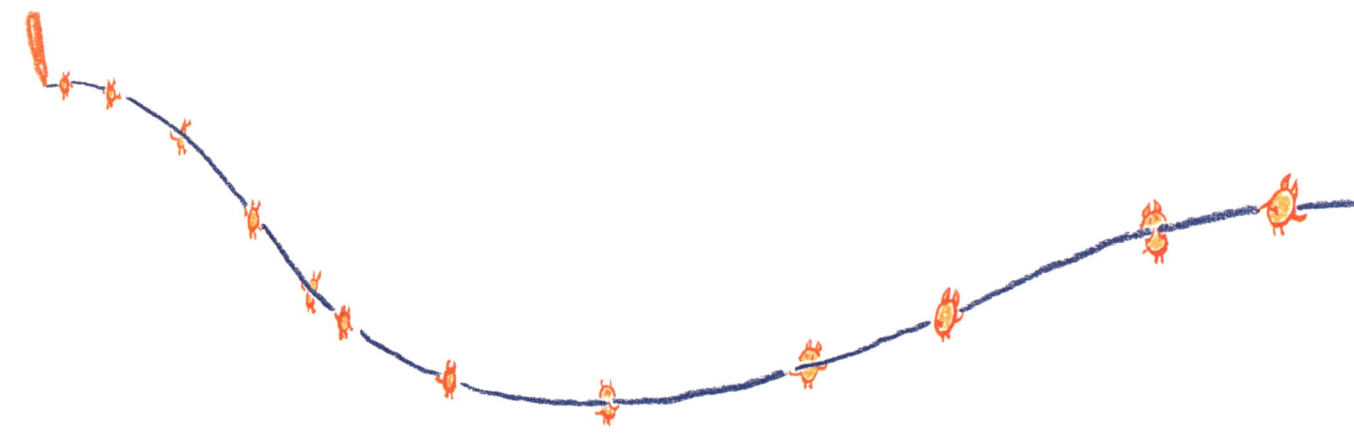

이제 점과 점을 이어.
"점과 점을 이어?"
"점과 점을 이어!"
선이 생겼어!

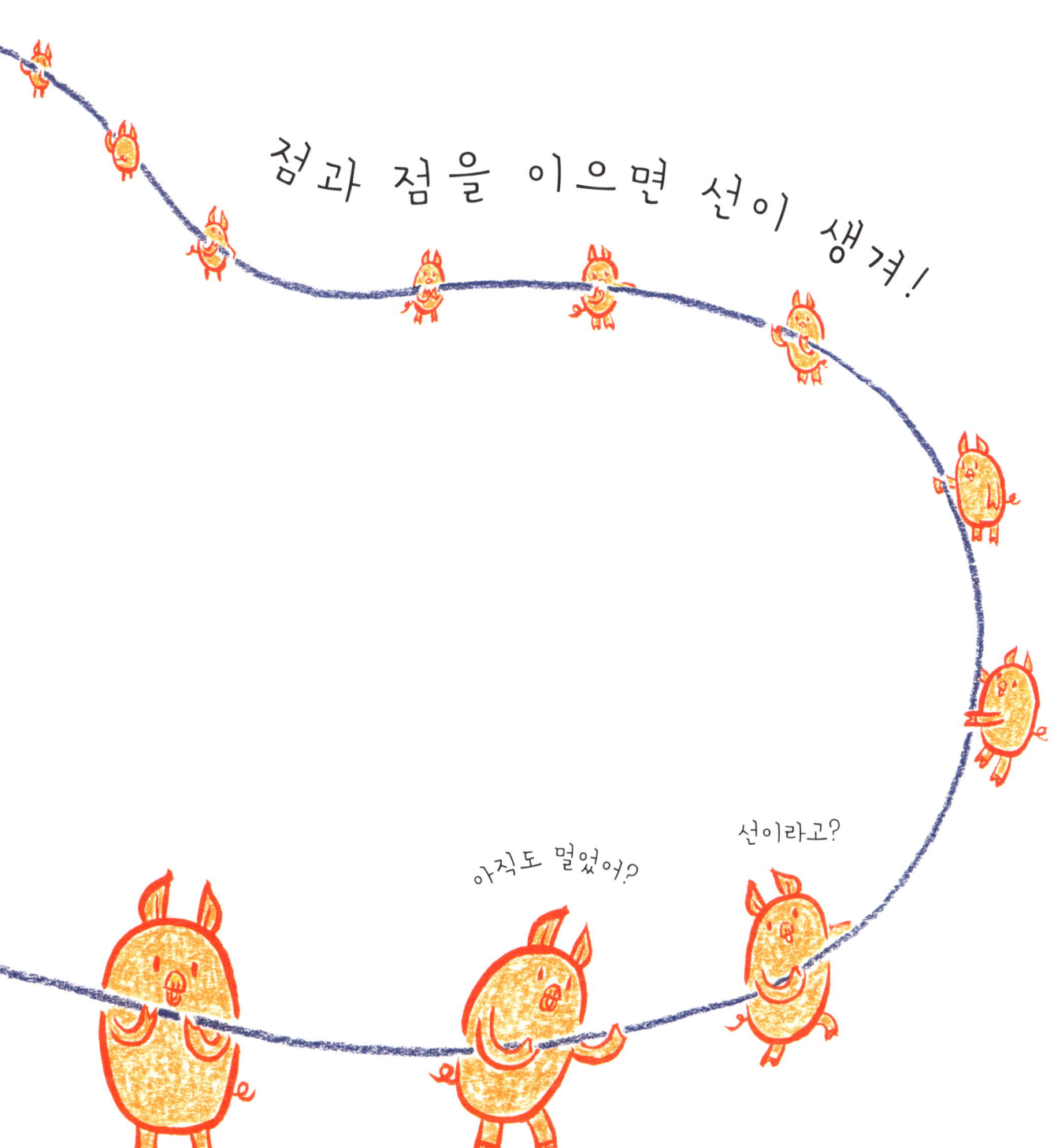

점에서 점까지 잇는 방법은 아주 많아.
요리조리 구불구불 빙글빙글 찍!
요리조리 구불구불 빙글빙글 찍!
하지만 점에서 점까지
가장 가까운 길은 딱 한 개뿐이야!

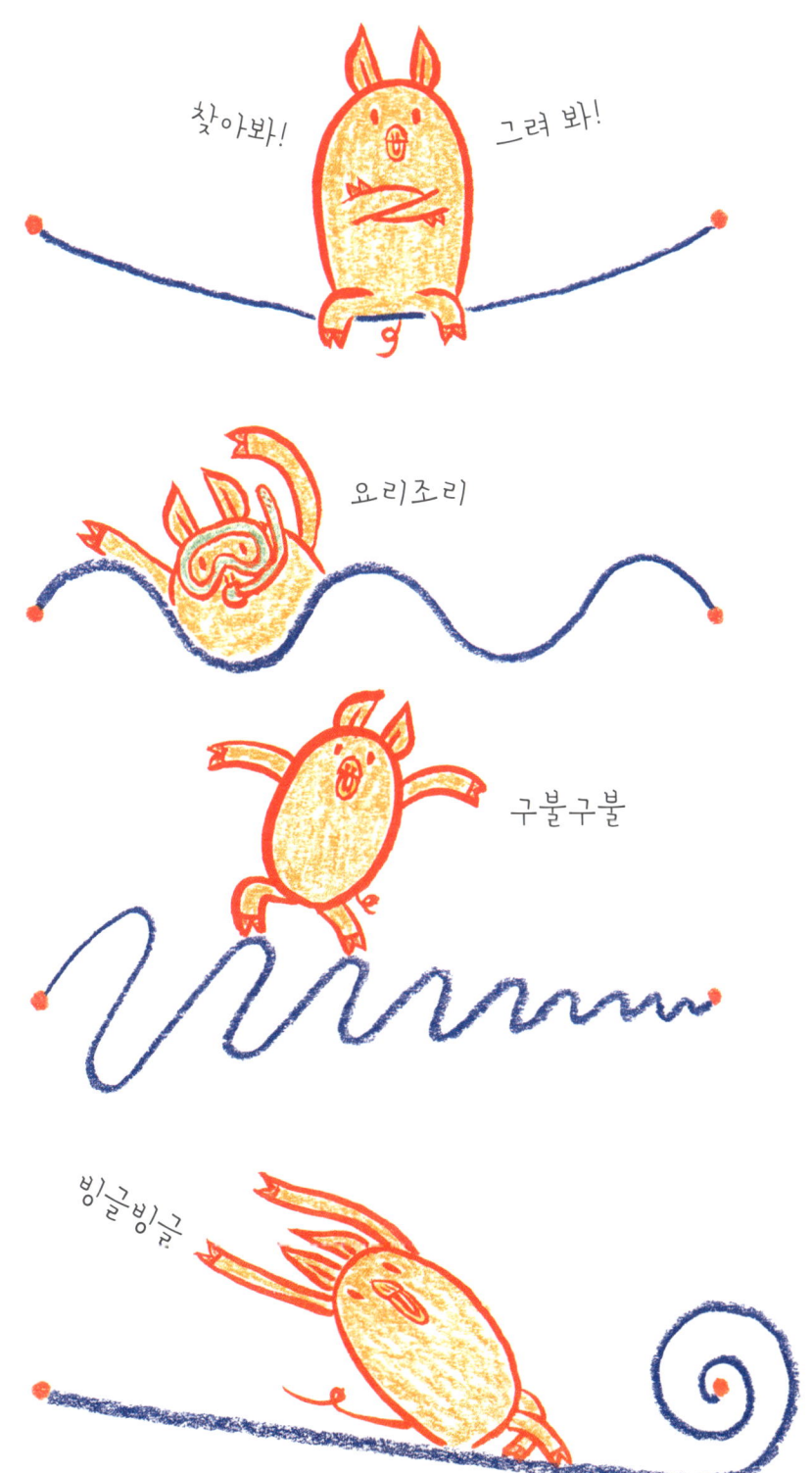

점에서 점까지 곧장 쭈──욱!

바로바로 직선이야!

직선이 제일 짧아. 점에서 점까지!

다른 방법을 알고 있다면 너는 필즈상을 받을 거야.

직선이 가장 짧아!

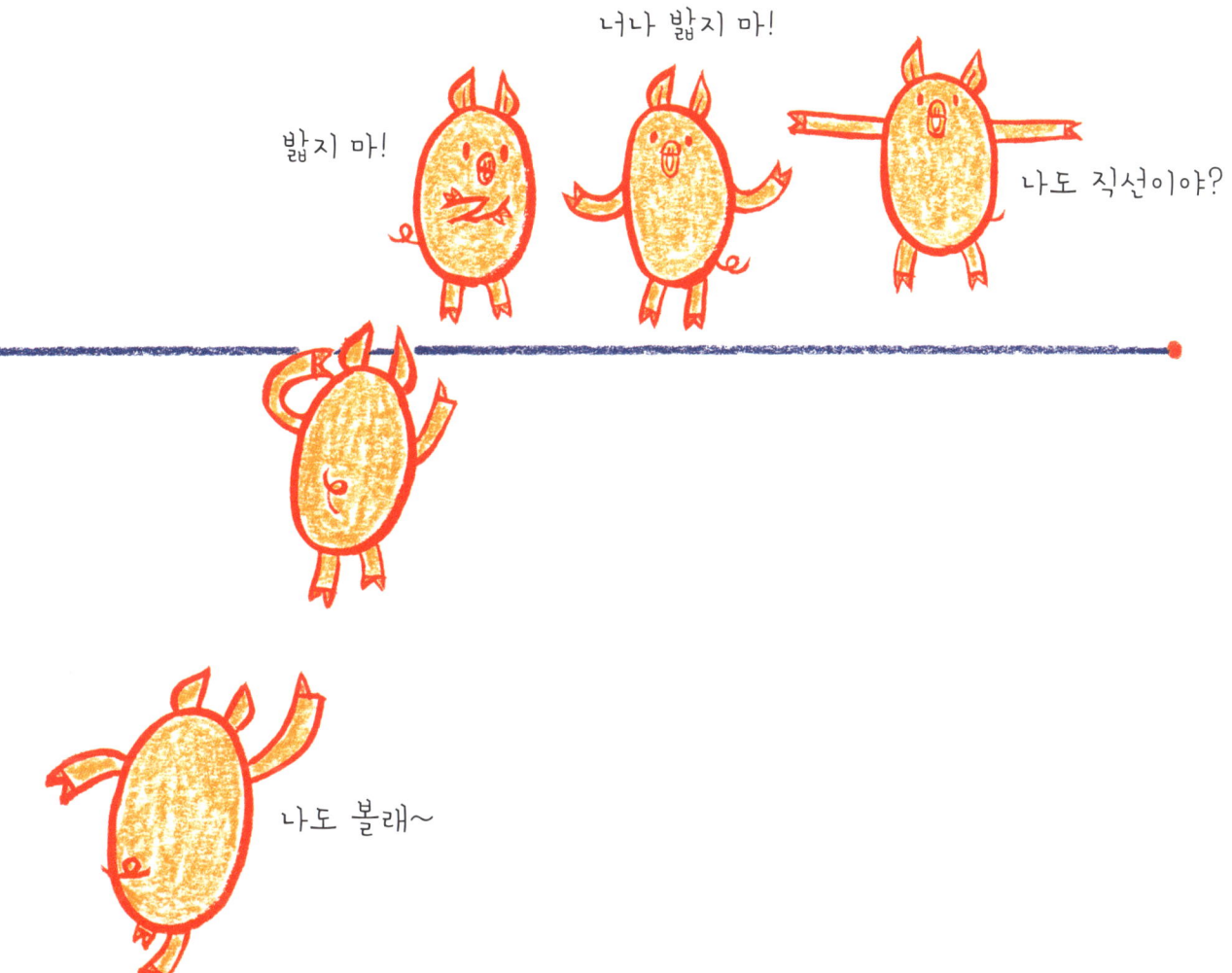

직선은 늘일 수 있어!

왼쪽으로 계속계속……

오른쪽으로 계속계속……

이제 놀라운 일이 일어날 거야.

직선이……

종이 끝까지

대문 끝까지

지구 바깥으로

우주 끝까지 튀어 나가!

직선은 끝이 없어!

점을 또 한 개 찍어!
"어디에?"
직선에 말고 직선 바깥에!
찍었어?
"찍었어."

점과 점과 점을 모두 이어!
면이 생겼어!
면은 세상에서 가장 납작한 거야.
도화지보다 납작해!
보자기보다 납작해!
돼지도 납작해!

어?

면의 나라는 납작해! 납작해!

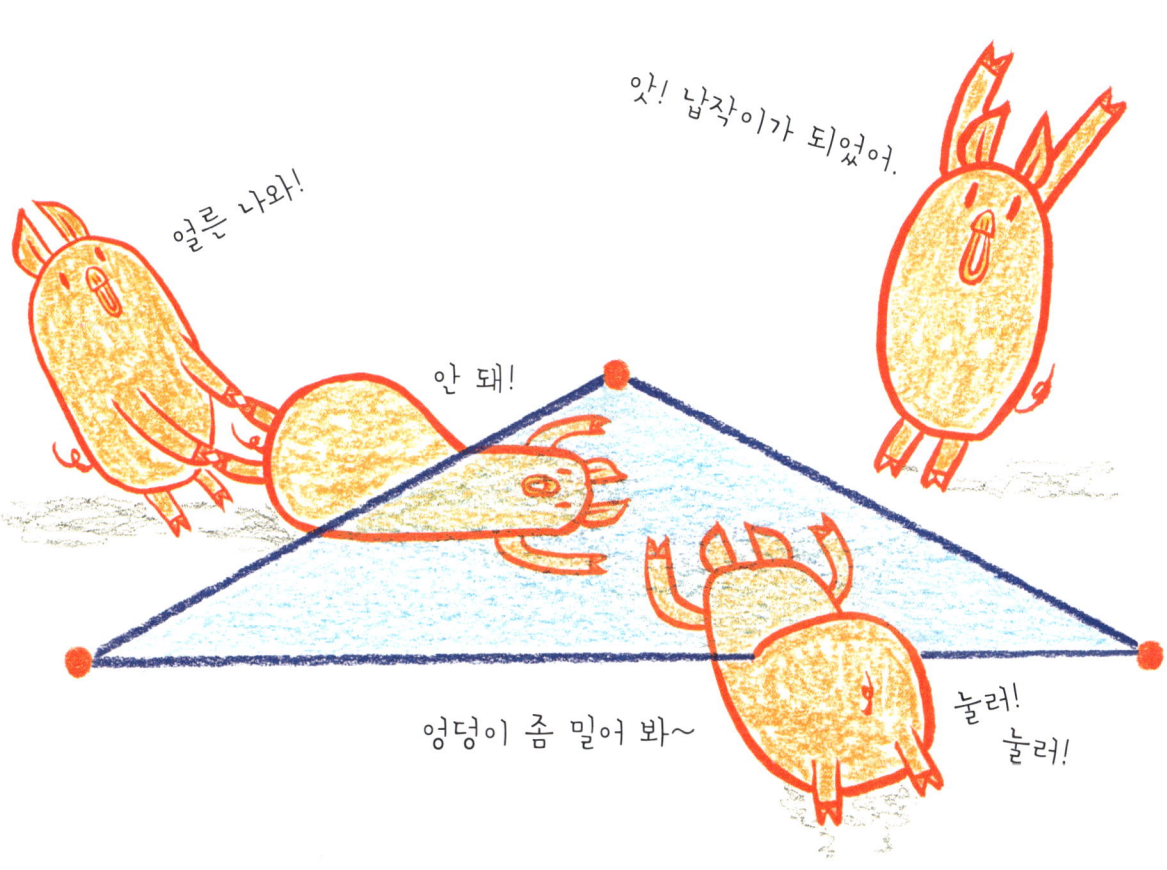

"납작하면 돼지가 아니야!"
걱정 마! 높이를 만들어!
"높이라고?"
점을 또 한 개 찍어.
"어디에?"
면 안에 말고 면 바깥에 저 위에!

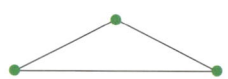

점과 점과 점과 점을 모두 다 이어!
우아!
높이가 생겼어.
공간이 생겼어!
공중제비를 돌고
물구나무를 설 수 있어!
완전히 차원이 다른 세상이야!

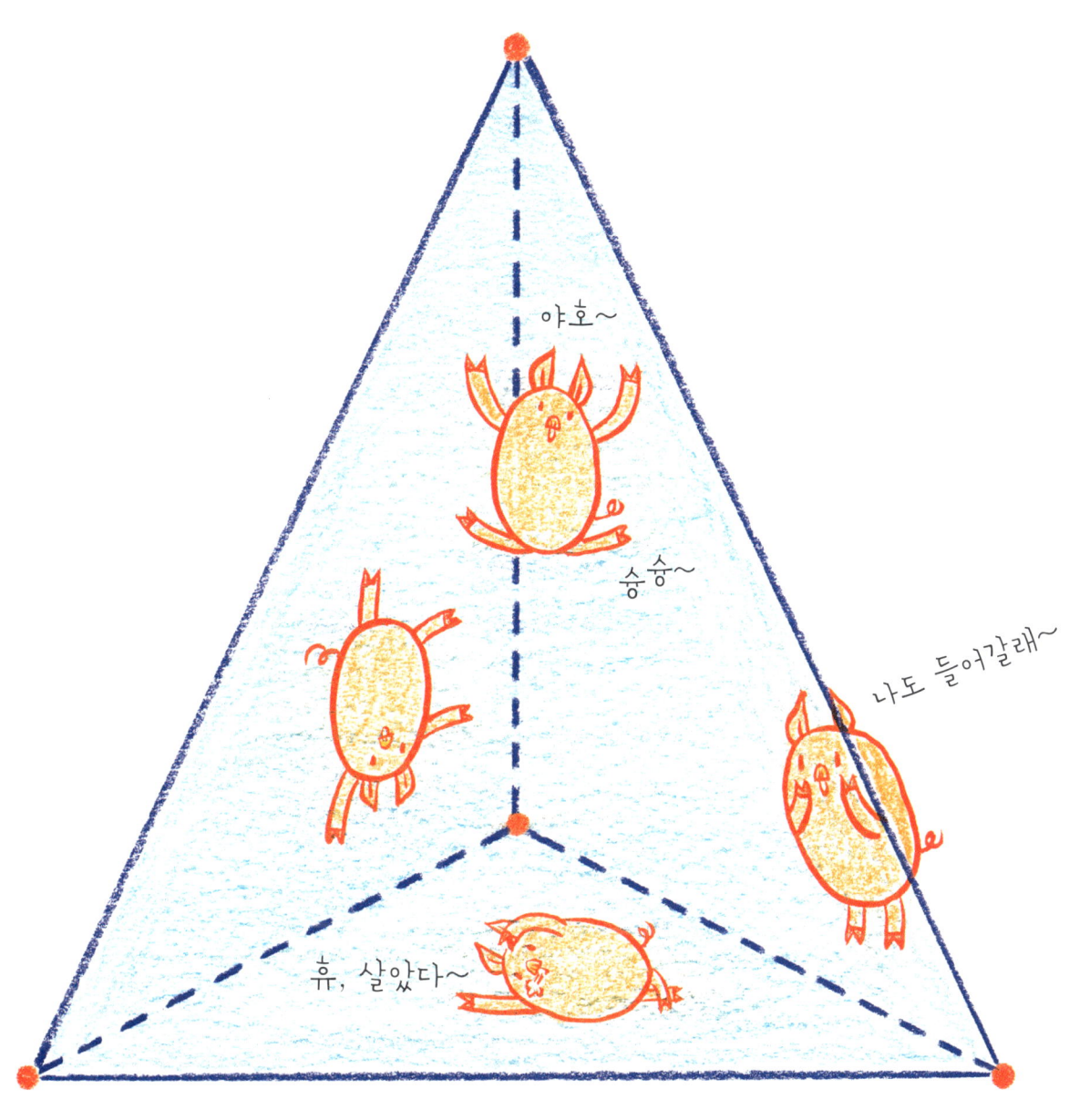

바로바로 우리가 사는 세상이야!

잘하는데?
수학은 상상놀이야.
점을 상상하고
점 두 개로 직선을 상상하고
점 세 개로 면을 상상하고
점을 네 개 찍고, 공간을 상상해!
이제 너는 더 굉장한 걸 상상하게 될 거야.

내가 여기에 직선을 그릴게.
너도 직선을 하나 그려.
삐뚤빼뚤 말고 똑바로 쭈――욱!
긋고 싶은 곳에 아무 데나 그려!
그렸어?
"그렸어!"
멈추지 말고 계속계속 그려.

직선과 직선이 만났어!

직선과 직선이 만나면 각이 생겨.

각은 클 수도 있고 작을 수도 있어.

똑같을 수도 있어.

직선을 세워 봐!

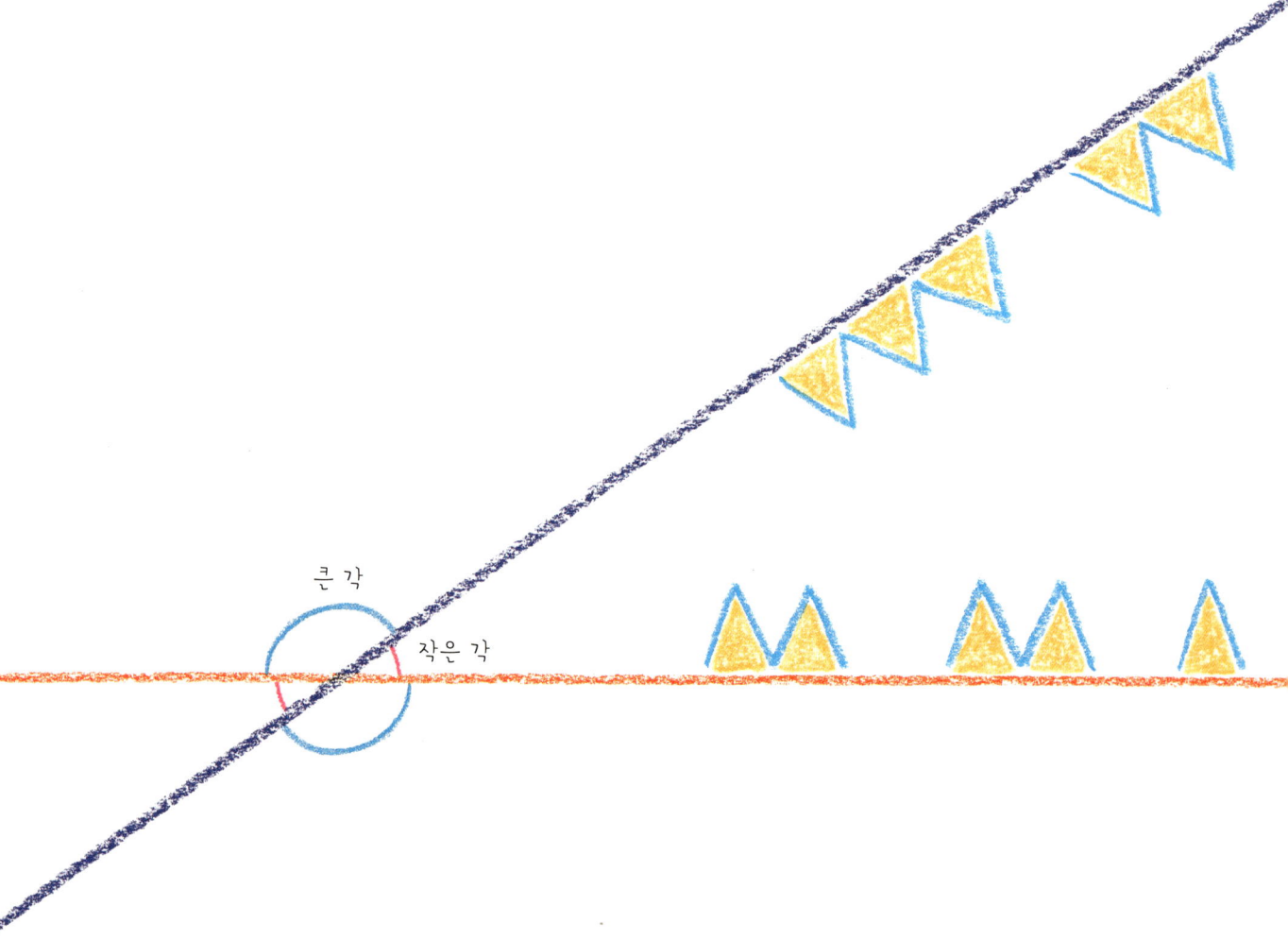

좀 더— 좀 더—— 좀 더———
됐어, 이제 그만!
직선 두 개가 이렇게 만나면 직각이야!
오른쪽 왼쪽 위쪽 아래쪽 모두 같아.
어느 쪽도 더 크지도 더 작지도 않아.

직각은 모두 같아!

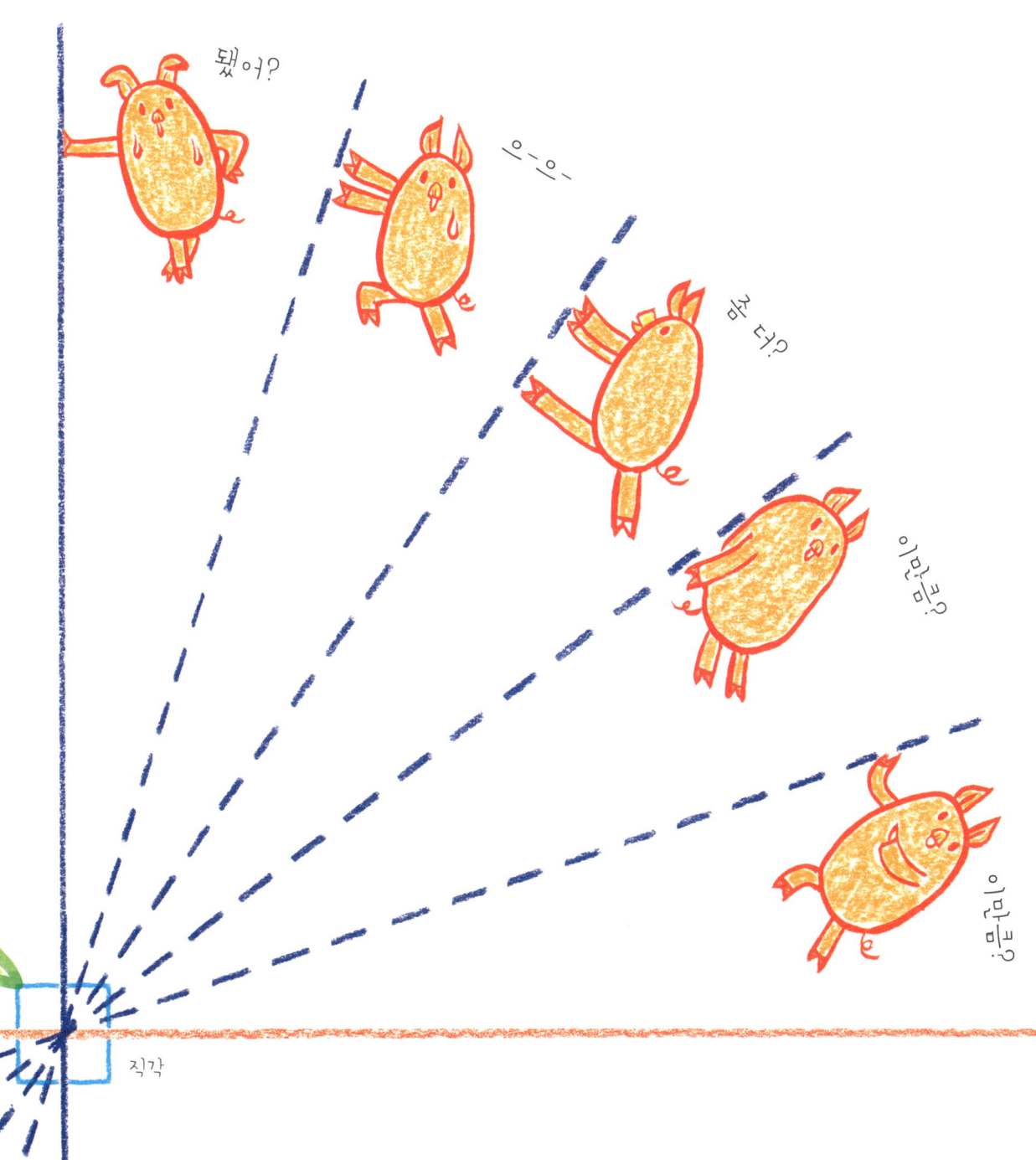

직선과 직선이 안 만날 수도 있어!

직선 두 개가 나란히 나란히 이렇게 있다면 말이야.

**직선이 두 개 있는데 만나지 않으면
평행선이라고 불러.**

평행선은 길게 늘여도 만나지 않아!
방바닥 끝까지, 대문 끝까지,
우주 끝까지 가도 만나지 않아.

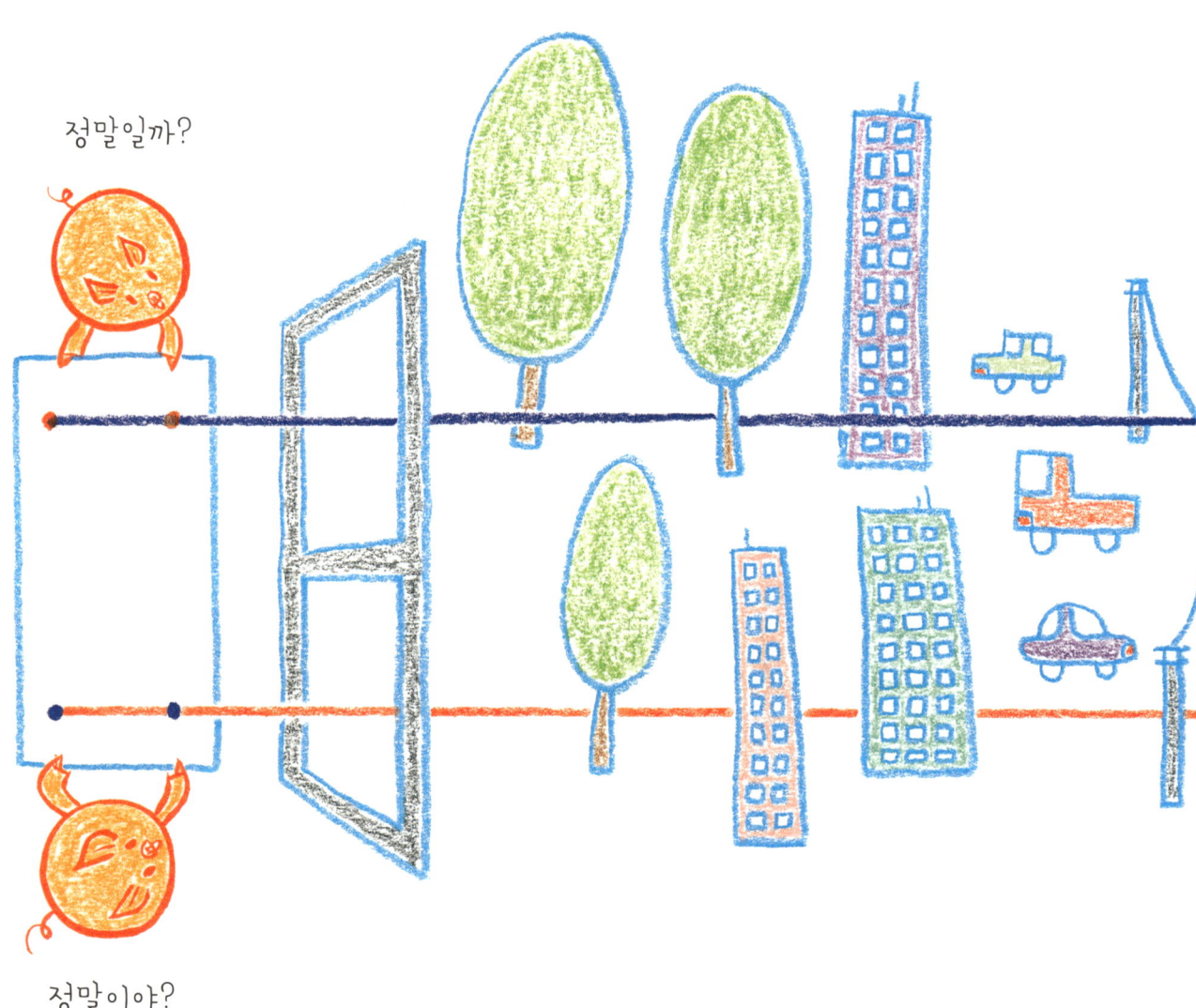

정말일까?

정말이야?

직선 둘이 마주 보고 이야기를 하고 있었어.
멀리멀리 해가 지고 있었지.

"우리는 영영 만날 수 없을 거야!"
"왜?"
"평행선이니까!"
"지구 끝까지 가도?"
"꿀꿀!"
"우주 끝까지 가도?"
"꿀꿀!"

넓고 넓은 바다를 건너 멀리멀리 갔어.

 똑바로 똑바로 앞만 보고 걸어갔어. 마주 보며 세상 끝까지 갔어.

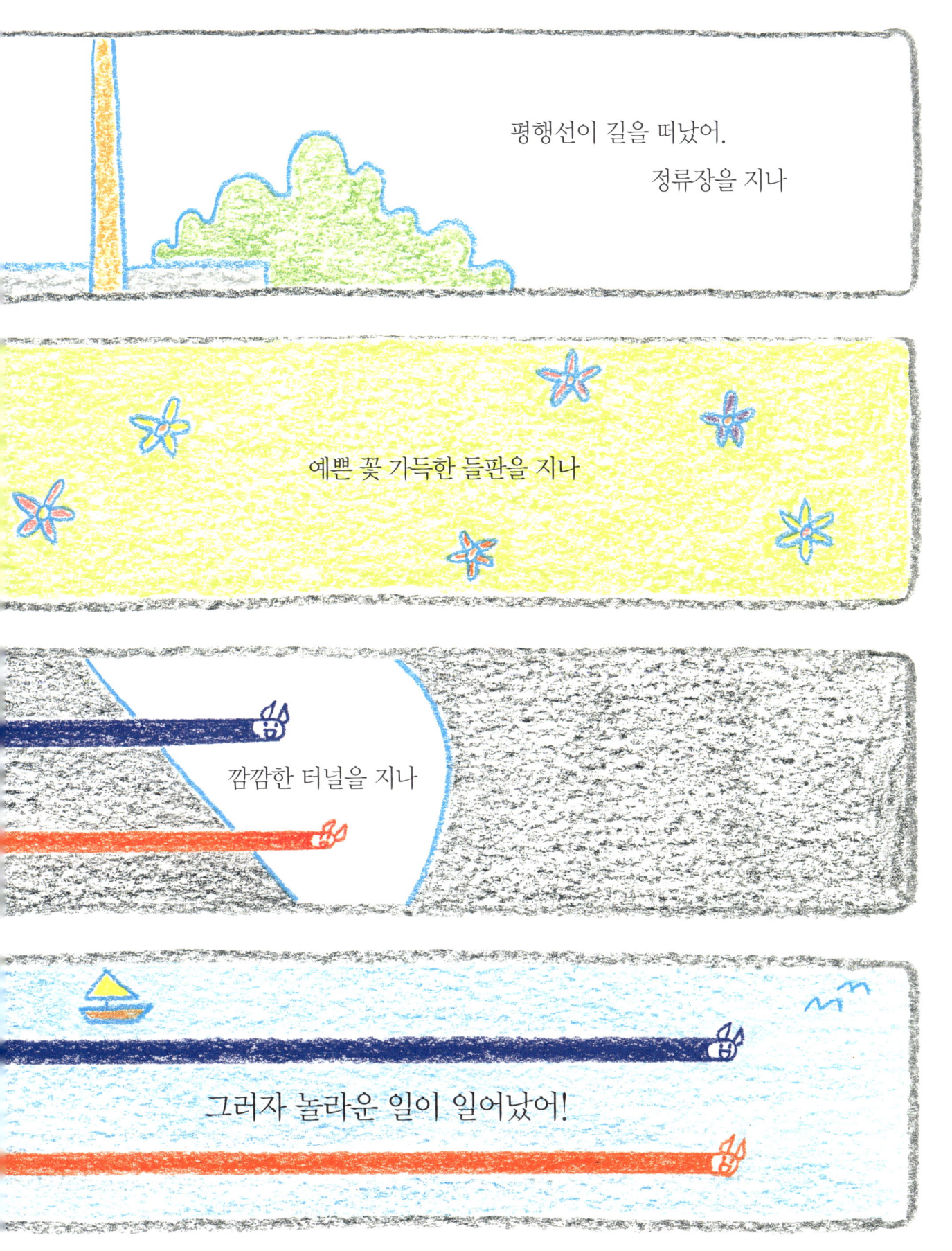

"무슨 일이 일어났는데?"

평행선이

자꾸만

자꾸만

자꾸만

가까워지는 거야!

그러다가

쿵!

부딪히고 말았어!

평행선이 만난 거야!
"어디에서?"
북극에서!
"정말?"
"평행선은 만나지 않는댔어!"

"어떻게 된 거야?"

"어떻게 된 거지?"

지구가 동그래서 그래.

지구가 공처럼 생겨서 그래.

공에다 그려 봐!

공 모양 땅 위에 직선을 그리면 구부러져.

아무리 똑바로 그려도 휘어져.

그래서 평행선이 만나.

만나면 평행선이 아니야!

지구의 표면에는 평행선이 없어!

평행선이 없어! 한 개도 없어!

만약에 지구가

나팔처럼, 종처럼, 호리병처럼 생겼다면 어떨까?

거기에 직선을 그리면 어떻게 보일까?

평행선이 있을까 없을까?

상상해 봐! 생각해 봐!

수학자도 상상해.
점을 찍고, 직선을 그리고
하늘에 평행선을 그려.
우주에 평행선이 있을까 없을까 상상해.

우주는 어떻게 생겼을까?

아인슈타인 할아버지는 우주가 울럭꿀럭하다고 말했어.

"정말?"

정말!

우주는 잘못 펴진 이불처럼 울럭꿀럭해.

여기도 울럭! 저기도 꿀럭!

별들이 너무 무거워서 그렇다는 거야.

모두가 깜짝 놀랐어. 수학자만 빼고.

수학자는 놀라지 않았어.

"왜?"

아무도 모르게 괴상한 걸 많이 상상해 보았거든.

수학자가 귀띔해 주지 않았다면

아인슈타인 할아버지도 그렇게 용감하게

상상하지 못했을 거야.

울럭꿀럭~

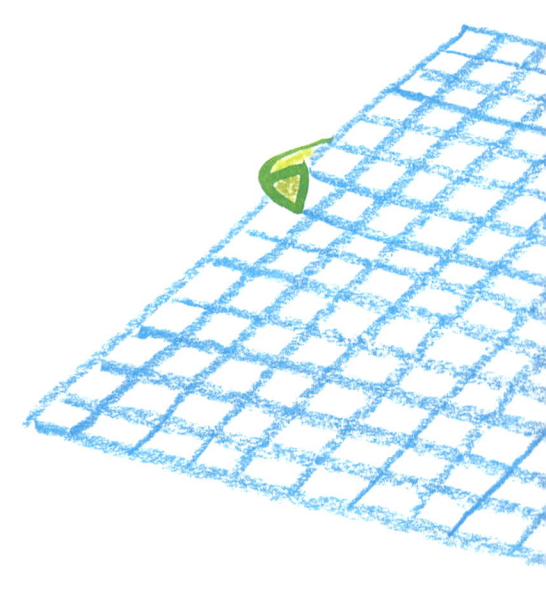

울럭꿀럭~

우주는 울럭꿀럭 하다오!

우주가 평평한지 울럭꿀럭한지 어떻게 알까?

우주를 어떻게 상상할까?

그 이야기는 점에서 시작됐어.

2000년 전에 유클리드 할아버지가 아무것도 없는데

점을 상상했기 때문이야.

손가락을 들고 점을 찍었기 때문이지.

점은 눈에도 안 보이고 크기도 없는데

수학자의 머릿속에 슬그머니 생겨났어.

스멀스멀 수학자의 머릿속에 무슨 일인가 일어나!

그래.
점이라 하자!

옛날옛날에 점이 있었어.

•

점 두 개는 직선이 되었어!

———

직선 두 개는 평행선이 되고

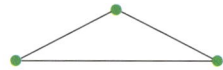

점 세 개는 면이 되었지.

점 네 개는 공간이 되었어!

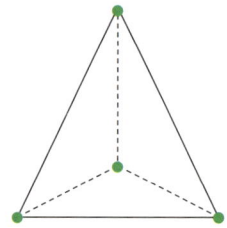

점이 없다면, 꿀꿀!

지도를 그릴 수 없고

별자리를 만들 수 없고,

피라미드를 세울 수 없어.

비행기와 우주선은

갈 곳을 몰라.

점이 없다면 세상도 없지.

"돼지도 없고!"

점이 사라진다면

세계가 사라져 버릴지도 몰라!

여기에 점이 있어!

보여?

글쓴이 김성화 · 권수진

생물학과 분자생물학을 공부했어요. 〈과학자와 놀자!〉로 제6회 창비 좋은 어린이책상을 받았어요.
수학이 좋아져서 이번에는 돼지로 변신했어요. 수학자가 무얼 하는지, 무얼 상상하는지 보여 주고 싶었어요.
〈고래는 왜 바다로 갔을까?〉〈고양이가 맨 처음 cm를 배우던 날〉〈꼬물꼬물 세균대왕 미생물이 지구를 지켜요〉
〈몬스터과학1_공주의 뇌를 흔들어라〉〈과학은 공식이 아니라 이야기란다!〉 들을 썼어요.

그린이 한성민

책을 좋아하고 그림책을 좋아해요. 디자인과 일러스트레이션을 하다 그림책의 매력에 빠져 그림책 작가가 되었어요.
동물과 식물, 자연과 지구 환경 문제에 관심이 많아 생활 속에서 작은 실천을 통해 지구를 살리기 위해 노력해요.
〈만만한수학〉을 만나 이제는 수학자가 되어볼까 맨날맨날 고민해요.
〈빨간지구만들기 초록지구만들기〉〈행복한 초록섬〉〈안녕! 만나서 반가워〉〈안전 먼저!〉 들을 그리고 썼어요.

만만한수학

1 점이 뭐야?
2 2 주세요!
3 원은 괴물이야! (출간예정)
4 분수가 뭐야? (출간예정)
5 무한 호텔 (출간예정)

〈만만한수학〉시리즈는 계속됩니다.